FUNDAMENTOS DA ADMINISTRAÇÃO FINANCEIRA

1° Edição

Manaus

Richardsonn Nartan Lima Santos

2018

Agradecimentos

Estendo meus agradecimentos a todos aqueles que apoiam, acreditam e acreditaram nos meus sonhos, no meu potencial e no meu trabalho. Em espécie, minha família: pai, mãe e minha irmã. A todos eles, meu amor, respeito e admiração.

À Deus por me dar saúde, forca e persistência. A meu pai, orientador e o professor doutor Flávio Machado Moita pelo interesse, atenção e ajuda prestada.

Aos amigos próximos e também aqueles que estão distantes, porém, que sempre se fizeram presentes e acreditam no meu potencial.

A Universidade Federal do Amazonas por ter me dado a oportunidade de concluir minha graduação de Administração na mesma e assim, fazer despertar meu interesse sobre o assunto deste livro e culminando na produção do mesmo.

Sumário

Introdução

A matemática financeira é um estudo importantíssimo tanto no plano pessoal, como no empresarial. Para o administrador, ela torna-se imprescindível já que é através dela que é possível solucionar questões nas áreas econômicas e financeiras, sempre com o foco em minimizar custos e maximizar os resultados.

A avaliação de investimentos é um dos fatores mais importantes para atingir os objetivos estratégicos e aumentar a vantagem competitiva da empresa perante seus concorrentes. É através dela que os administradores podem avaliar a viabilidades dos projetos em termos financeiros, mercadológicos e concorrenciais.

Ela envolve a avaliação da aplicação de recursos financeiros em investimentos que irão gerar benefícios à longo prazo (períodos maiores que um ano) com objetivo de aumentar a riqueza dos proprietários / acionistas. Tipicamente ela envolve um investimento inicial muito grande seguido por benefícios ao longo de vários anos.

Decisões incorretas de investimento podem levar, em última instância, a falência da organização. Podemos afirmar que a decisão de investimento é um fator crítico para o sucesso de qualquer organização, mesmo para aquelas que não tenham como objetivo o lucro.

Uma das decisões de análise de investimento é as de ampliação da empresa. Podendo ser apenas o aumento da capacidade produtiva com a aquisição de instalações e equipamentos, como também a introdução de novos produtos ou entrada em novos mercados geográficos.

Assim, quando uma empresa precisa avaliar o desenvolvimento de uma nova linha de geladeiras, por exemplo, os administradores devem estimar os gastos com a implantação da fábrica ou da linha de produção, bem como estudar o mercado para definir quantas unidade irão ser produzidas e vendidas ao longo do horizonte do projeto e, a partir das previsões feita, levantar quais serão as receitas, custos e despesas relativas a nova linha de produtos.

De posse desses dados é montado um fluxo de caixa do projeto e realizada a análise de investimento tendo como referência o aumento de valor do capital investido pelos sócios.

A entrada em um novo mercado também é uma decisão de ampliação podendo ser com os produtos e serviços atuais da empresa como também com produtos e serviços adaptados à realidade local. Nosso país é muito grande, temos estados que são maiores que muitos países. Os costumes, desejos e gostos dos brasileiros são muito deferentes dependendo da região.

Assim, uma empresa que atue em nível nacional precisa avaliar a demanda e gostos dos seus clientes de maneiras regionalizada de forma a avaliar tanto o mix de produtos como o nível concorrencial. Muitas marcas são fortes em algumas regiões e fracas em outras.

Tudo isso leva à análise de investimento um complicador a mais na previsão e avaliação dos dados de fluxo de caixa.

Objetivo da Matemática financeira

A matemática financeira tem como principal objetivo o estudo do valor do dinheiro no tempo e a aplicação prática no cotidiano das decisões de financiamento e investimento.

É inegável a importância da matemática financeira para a Administração. É através dela que o administrador pode analisar os recursos presentes e planejar e maximizar os futuros. As duas andam de mãos dadas e quando bem desenvolvidas, somente trazem lucros para a organização.

Para entendermos perfeitamente as técnicas de análise de investimento é imprescindível entendermos os conceitos básicos da matemática financeira. Dessa forma, antes de entrarmos diretamente para avaliação de investimentos, iremos estudar os elementos básicos da matemática financeira que servirão de base para o restante das unidades.

Iniciaremos já no próximo capítulo com o entendimento do valor do dinheiro no tempo e apresentação dos regimes de capitalização simples e compostos.

A manutenção dos ativos da empresa

Um outro tipo de decisão de análise de investimento são aquelas relativas a manutenção produtiva dos ativos a empresa. Mesmo em empreendimentos individuais encontramos a análise de investimento de ativos. Imaginemos, por exemplo, o simples caso de um taxista.

Sabemos que os carros que são utilizados como taxis tem um desgaste muito rápido. Um taxista roda pelo menos 5 vezes mais que um particular.

Assim sendo, seus custos de manutenção mensal são muito maiores e sua vida útil produtiva é muito menor, um taxis precisa ser renovado ou substituído em um tempo muito mais curto que um automóvel comum.

Outro fator muito importante nesse caso é o fato do taxista tem como objetivo o resultado econômico de sua atividade, diferentemente do automóvel particular.

Dessa forma, para o taxista a análise dos modelos e seus custos/ benefícios ao longo do período de vida útil estimada é fundamental para que ele possa obter seu sustento na profissão.

Nas empresas também não é muito diferente, os ativos patrimoniais (máquinas, prédios e instalações) também precisam de manutenção, renovação e substituição. Em alguns casos temos que substituir mesmo estando produtivos quando as alternativas de substituição são muito mais rentáveis que continuar operando com os mesmos.

A avaliação de investimento nesses casos possui uma característica peculiar que é a análise incremental das alternativas, caso a empresa tenha a opção de manter o ativo atual em funcionamento. Assim o fluxo de caixa a ser avaliado é o da diferença entre o novo e o atual.

Na verdade todo e qualquer desembolso de recursos financeiros que gere fluxo positivo no longo prazo é passível de ser avaliado pela a análise de investimento.

Assim, gastos com pesquisa e desenvolvimento, publicidade e propaganda, cumprimento da obrigações legais e normas ambientais, ou mesmos programas de capacitação e motivação de colaboradores são passíveis de serem avaliados financeiramente através da análise de investimento.

O Processo de avaliação de investimentos

Em grandes linhas, esse processo é considerado de longo prazo e envolve a seleção de propostas de investimento que surge em todas as áreas da empresa: o levantamento dos dados estratégicos, operacionais e financeiros para montagem dos fluxos de caixa, a revisão e análise através das técnicas de avaliação de investimento, a tomada de decisão através da escolha das alternativas que irão aumentar o valor da empresa, a implementação e acompanhamento dos resultados e a avaliação final do investimento.

Todo esse processo envolve a participação de profissionais de diversas áreas, tais como engenheiros, economistas, contadores, advogados e administradores.

Tanto na montagem do fluxo de desembolsos e receitas dos projetos de investimento, quanto na sua avaliação, análise e tomada de decisão temos que levar em conta o valor do dinheiro no tempo, seu custo (custo de capital), a deterioração do poder de compra (inflação), as alternativas para alocação de recursos e custos de oportunidades. Tudo isso com o objetivo de propiciar retorno adequado aos proprietários do capital que foi investido inicialmente.

Para tanto, precisamos entender e utilizar corretamente os princípios da matemática financeira.

O valor do dinheiro no tempo

Administradores financeiros e investidores sempre se deparam com oportunidades de obter taxas de retorno positivas sobre seus fundos, seja fazendo aplicações em projetos atraentes, seja recebendo juros sobre títulos ou depósitos remunerados. Logo, o momento das entradas e saídas de caixa tem consequências econômicas importantes que os administradores reconhecem expressamente como o *valor do dinheiro no tempo*. O valor do dinheiro no tempo baseia-se basicamente na crença de que um dólar hoje vale mais do que um dólar a ser recebido numa data futura qualquer.

Começaremos nosso estudo do valor do dinheiro no tempo em finanças com duas perspectivas: *valor futuro* e *valor presente*, as ferramentas usadas para facilitar o cálculo e os padrões básicos de fluxo de caixa.

As decisões financeiras, em sua maioria, envolvem a distribuição de receitas e gastos ao longo de um período de tempo. Um investimento da compra de uma máquina, por exemplo, envolve um investimento inicial na compra do equipamento, moldes, estrutura de suporte e instalação, além do capital de giro necessários para o funcionamento da operação seguido por fluxos de receitas, derivada da venda dos produtos produzidos e seus respectivos custos de produção.

Valor futuro x Valor presente

Os valores e as decisões financeiras podem ser avaliados por meio de técnicas tanto de valor futuro quanto de valor presente. Embora essas técnicas resultem nas mesmas decisões, o enfoque que proporcionam é diferente. Tais técnicas sobre o valor futuro costumam medir os fluxos de caixa ao fim de um projeto. Já as de valor presente medem os fluxos de caixa no início do projeto (tempo zero). Ou seja, o valor futuro é o produto a ser recebido em alguma data futura e o valor presente é o produto disponível imediatamente.

Podemos usar uma linha de tempo para representar os fluxos de caixa associados a um dado investimento. Trata-se de uma linha horizontal em que o tempo zero surge na ponta mais à esquerda e os períodos futuros são indicados da esquerda para a direita.

Os fluxos de caixa que ocorrem no tempo zero e no fim de cada ano são apresentados acima da linha; os valores negativos representam saídas de caixa e os positivos representam entradas de caixa.

Como o dinheiro tem valor no tempo, todos os fluxos de caixa associados a um investimento devem ser medidos no mesmo ponto no tempo. Normalmente, esse ponto pode ser no fim ou no princípio da duração do investimento. A técnica de valor futuro usa o processo de composição para determinar o valor futuro de cada fluxo de caixa no fim do prazo do investimento e agrupa esses valores para encontrar o valor futuro do investimento.

Também podem existir recebimentos iniciais através de aportes financeiros de financiamentos bancários além de desembolsos periódicos relativos ao pagamento das amortizações e juros. Os desembolsos e entrada de recursos, portanto, são distribuídos ao longo do tempo.

Uma preocupação inicial de qualquer análise financeira quando temos fluxos de dinheiro distribuídos no tempo é o seu valor e custo.

Uma das premissas básicas da matemática financeira é que não podemos comparar fluxos de caixa em períodos de tempo diferentes. Afinal, R$ 10.000,00 hoje com certeza não valem a mesma coisa que R$ 10.000,00 daqui a 1 ano.

Dessa forma podemos afirmar que não podemos somar, subtrair ou mesmo comparar valor monetários que não estejam na mesma data.

Seguindo o raciocínio anterior, temos que R$ 10.000,00 hoje não valem a mesma coisa após 1 anos por vários motivos. Inicialmente, temos que considerar a deterioração do poder aquisitivo ao longo do tempo: a inflação.

Na prática isso significa que para se comprar a mesma quantidade de bens no futuro precisamos ter mais dinheiro que hoje.

Exemplo

Suponhamos que o preço da gasolina hoje é R$ 3,50 por litro. Com R$ 140,00 hoje podemos abastecer nosso carro com 40 litros da gasolina (140,00/3,50). Se daqui a 1 anos o preço da gasolina esteja R$ 4,00 por litro. Temos duas opções: ou abastecemos menos combustível, 35 litros (140,00/4,00), ou pagamos mais pela mesma quantidade, R$ 160,00 (40 litros x R$ 4,00).

Concluímos, então, que a expectativa de aumento do combustível ocasionou uma perda no nosso poder de compra. Isso é a inflação. Neste caso específico, temos um aumento nos preço da ordem de 14,29% (de R$ 3,50 para R$ 4,00). E ainda de acordo com esse exemplo, tanto faz nós possuirmos R$ 140,00 hoje como R$ 160,00 daqui a 1 ano; dizemos que são quantias equivalentes já que possuem o mesmo poder de compra.

Mas vamos supor que o preço da gasolina permaneça o mesmo daqui a 1 ano, ou que a inflação esteja igual a zero. Será que tanto faz eu ter R$ 140,00 hoje com daqui a 1 ano?

É claro que não, pois nós temos a oportunidade de aplicar esse dinheiro que vai render juros e terá um valor maior daqui a 1 ano.

Mas o que é juros? Rapidamente, juros é um rendimento de algum valor financeiro fixo (capital inicial) durante um tempo determinado. Podem ser simples, onde as operações são de curto prazo ou podem ser composto, onde assumem um novo valor em determinado tempo.

Se tivermos uma aplicação a juros simples que rende 2 % ao mês em cima do valor R$ 140,00, por exemplo, teremos um rendimento de juros mensais de R$ 2,80 (2% x R$140,00) e a final de 1 ano teremos um total de 12 rendimentos de juros mais o principal original, 12x R$ 2,80+R$ 140,00 = R$ 173,60. Poderíamos dizer, então, que caso meu custo de oportunidade fosse de 2% ao mês (a juros simples) e inflação zero, para nós, tanto faz R$ 140,00 hoje ou R$ 173,60 daqui a 1 ano.

No exemplo anterior usamos como referência o regime de juros simples, que é uma das formas de avaliar o valor do dinheiro ao longo do tempo.

Valor presente

O processo de determinação de valores presentes costuma ser chamado de desconto dos fluxos de caixa. Trata-se de responder à simples pergunta: "Se posso receber determinada i % sobre meu dinheiro atual, quanto é o máximo que eu estaria disposto a pagar hoje, pela oportunidade de receber VFn reais daqui a n períodos?".

O processo, na verdade, é o inverso da composição de juros. Em vez de determinar o valor futuro de montate atual investido a uma dada taxa, o desconto determina o valor presente de uma quantia futura, admitindo a oportunidade de obter determinado retorno sobre o dinheiro. Essa taxa anual de retorno pode ser chamada de taxa de desconto, retorno exigido, custo do capital e custo de oportunidade.

Exemplo

Mauro George tem a oportunidade de receber R$ 300 daqui a um ano. Se ele puder, em condições normais, receber 6% sobre seus investimentos, qual o valor máximo que deveria pagar por essa oportunidade? Para responder a essa pergunta, Mauro deve determinar quantos reais teria que investir a 6%, hoje, para receber R$ 300 daqui a um ano. Sendo VP esse valor desconhecido e, usando a mesma equação do valor futuro, temos:

$$VP \times (1 + 0{,}06) = \$\,300$$

Solucionando a equação para VP, temos:

$$VP = \$\,300 \,/\, (1 + 0{,}06)$$

VP = $ 283,02

Na próxima unidade iremos detalhar melhor esse regime de capitalização além de apresentar o sistema de juros compostos, que na prática é o que realmente utilizado na grande maioria das técnicas de matemática financeira e análise de investimento.

Anuidades

Quanto você estaria disposto a pagar, hoje, dado que pode obter 7% sobre investimentos de baixo risco, para receber uma soma garantida de $ 3.000 ao fim de cada um dos próximos 20 anos? Para responder a essas perguntas, você precisa entender a aplicação do valor do dinheiro no tempo às anuidades.

Uma anuidade é uma série de pagamentos iguais feitos em intervalos regulares de tempo. Os intervalos entre os pagamentos são chamados períodos de pagamento. Esses pagamentos costumam ser anuais, mas podem ocorrer a intervalos diferentes, como mensais (aluguel, prestação do carro). Os pagamentos de uma anuidade podem ser entradas ou de caixa.

Há muitas situações monetárias que envolvem não somente uma série de pagamentos, mas também um pagamento no fim do negócio, que pode ser maior ou menor que os pagamentos regulares. Esse é chamado *parcela intermediária* e pode ser relativa a um empréstimo que você decide pagar antes que sua duração normal seja completada. Ou para situações como, por exemplo, em que você sendo o dono de uma propriedade da qual recebeu uma renda estável de aluguel, e então, decide vendê-la lucrando uma grande renda no fim do investimento. Uma parcela intermediária é igual ao balanço restante do capital naquela época.

Tipos de anuidade
Há dois tipos básicos de anuidade:

- A *anuidade ordinária*: onde o fluxo de caixa se dá no fim de cada período.

- A *anuidade vencida*: onde o fluxo de caixa ocorre no início de cada período.

Determinação do valor futuro de uma anuidade ordinária

Uma anuidade, diferentemente do que o nome pode sugerir, não é exatamente um valor capitalizado uma vez ao ano. Imagine a situação onde você todo mês faz um depósito em uma caderneta de poupança. Diferentemente do valor futuro apresentado anteriormente, ao invés de um pagamento único capitalizado por um período de tempo, agora, temos vários depósitos onde cada um é capitalizado conforme os depósitos vão ocorrendo.

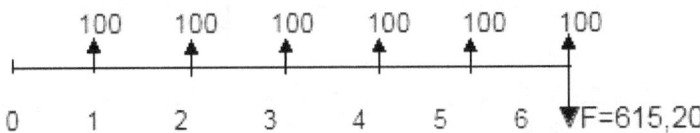

Observe a seguinte tabela:

N	Início Período	Juro	Parcela	Final Período
1	0,00	0,00	100,00	100,00
2	100,00	1,00	100,00	201,00
3	201,00	2,01	100,00	303,01
4	303,01	3,03	100,00	406,04
5	406,04	4,06	100,00	510,10
6	510,10	5,10	100,00	615,20

No período 1, você deposita R$100. No inicio do período 2, os R$100 recebem 1% de juros e você deposita mais R$100 (R$100*1,01 + R$100 = R$201). No inicio do período 3, você recebe 1% de juros sobre R$201 e deposita mais R$100 (R$201*1,01 + R$100 = R$303,01). O processo se repete até o período 6 onde terminamos com um valor capitalizado de R$615,20. Verifique que a última parcela não teve o acréscimo de juros (Figura 1), esse caso é chamado de termos vencidos onde a primeira parcela não é aplicada "hoje" (momento 0).

Este processo pode ser resumido utilizando a função

VF: =VF(Taxa;NPER;PGTO) = VF(1%;6;-100)

Resultando: 615,20

Observe que desta vez utilizamos o argumento PGTO ao invés do argumento VP. Isto ocorre porque desta vez estamos observando uma série de pagamentos e não um único pagamento inicial

Se o primeiro depósito fosse feito hoje (valor presente), isto é no momento zero, o fluxo seria conforme figura abaixo:

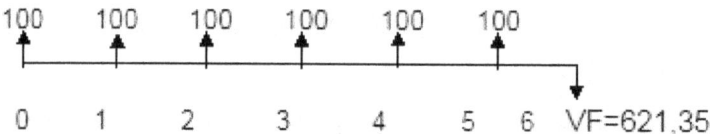

Observe a tabela:

N	Início Período	Parcela	Total	Juro	Final Período
0	0,00	100,00	100,00	1,00	101,00
1	101,00	100,00	201,00	2,01	203,01
2	203,01	100,00	303,01	3,03	306,04
3	306,04	100,00	406,04	4,06	410,10
4	410,10	100,00	510,10	5,10	515,20
5	515,20	100,00	615,20	6,15	621,35

Desta forma, R$100 recebe 1% de juros e no mês seguinte é somado ao novo depósito de R$100. Ao resultado desta soma adicionamos 1%

de juros (R$101+R$100)*1,01. O processo continua até o final. Vale lembrar que quando a primeira parcela é paga à vista, chamamos de termos antecipados.

Fluxo de caixa e Planejamento Financeiro

Uma Demonstração dos Fluxos de Caixa (DFC) mostra o quanto de dinheiro entra e sai da empresa ao longo de um trimestre ou de um ano. Os fluxos de caixa, tidos como o sangue que corre pelas veias da empresa, são o foco principal do gestor financeiro, seja na gestão das finanças rotineiras, seja no planejamento e tomada de decisões a respeito da criação de valor para o acionista.

O que os distingue o Fluxo de Caixa da Demonstração do Resultado do Exercício é a forma de registro na contabilidade. A Demonstração do Fluxo de Caixa irá indicar quais foram as saídas e entradas de dinheiro no caixa durante o período e o resultado desse fluxo. Já o DRE, na determinação da apuração do resultado do exercício, será computado em obediência ao princípio da competência, da seguinte forma:

a) as receitas e os rendimentos ganhos no período, independentemente de sua realização em moeda;

b) os custos, despesas, encargos e perdas, pagos ou incorridos, correspondentes a essas receitas e rendimentos.

Sendo assim, a demonstração do fluxo de caixa é fundamental para a análise da saúde financeira da companhia, porque demonstra exatamente o dinheiro que a empresa realmente possui em caixa. Ele demonstra a capacidade da empresa de pagar suas operações e de crescer no futuro.

Elaboração do Fluxo de caixa

Abaixo está um exemplo muito simplificado de um fluxo de caixa:

Fluxo de Caixa	Segunda-feira	Terça-feira
Previsões	Previsto I Realizado	Previsto I Realizado
Saldo inicial	I	I
Entradas	I	I
Vendas à vista	I	I
Recebimento à prazo	I	I
Saída	I	I
Fornecedores	I	I
Pessoal	I	I
Encargos	I	I
Vale Transporte	I	I

Interpretação da demonstração

A demonstração dos fluxos de caixa permite que o administrador e outras partes interessadas analisem o fluxo de caixa da empresa. O administrador deve dedicar especial atenção tanto às principais categorias de fluxo de caixa quanto a cada item específico das entradas e saídas de caixa, para detectar se têm surgido acontecimentos contrários à política financeira da empresa. Além disso, a demonstração pode ser usada para avaliar o progresso em direção a metas projetadas, ou para isolar pontos de ineficiências. O administrador financeiro também pode elaborar uma demonstração dos fluxos de caixa a partir de demonstrações financeiras projetadas para determinar se medidas planejadas são de fato desejáveis à luz dos fluxos de caixa resultantes.

Fluxo de caixa operacional

O Fluxo de Caixa Operacional é o resultado das entradas e saídas financeiras de um negócio levando em consideração apenas as movimentações necessárias à operação. Em outras palavras, desse cálculo, exclui-se qualquer tipo de custo ou ganho financeiro. Esse é um indicador importante de ser acompanhando, pois ele vai lhe dizer quanto de dinheiro você conseguiu gerar para o seu caixa. E isso, sem se atrapalhar com outros resultados que podem te levar a conclusões equivocadas sobre o sucesso ou fracasso da sua operação.

Por exemplo, imagine que você teve um mês com R$20.000,00 de Fluxo de Caixa Operacional, mas decidiu pagar uma multa de R$10.000,00 para entregar seu escritório antes do tempo no contrato. Se estivesse tudo misturado, você acharia que seu resultado foi metade do que ele realmente foi e esperaria um mês seguinte igualmente ruim, e essa não é a realidade.

Segue abaixo um resumo de um fluxo de caixa simplificado para vermos em qual posição o fluxo de caixa se encontra em um demonstrativo financeiro:

Receita: --- R$20.000,00

Despesas -- R$8.000,00

LAIR (Lucro Antes do Imposto de Renda): -------------- R$12.000

Impostos"--- R$4.000,00

Fluxo de Caixa Operacional: ---------------------------------- R$8.000,00

Fluxo de caixa livre

O fluxo de caixa livre, à grosso modo, é o montante disponível apurado levando-se em conta os investimentos e as necessidades de capital de giro. Devem ser contabilizadas ainda as despesas que não implicam necessariamente saídas de caixa, como é o caso da amortização, por exemplo. É importante considerar que o fluxo de caixa livre, a longo prazo, deve ser sempre positivo, uma vez que o contrário implicaria em dizer que a empresa não gera recursos suficientes para arcar com os compromissos assumidos com financiadores.

Por ser um método amplamente conhecido, as suas formas de cálculo podem sofrem variação. A Demonstração do Fluxo de Caixa (DFC) é o indicador que vai apontar as saídas e entradas em determinado período e o resultado, este de acordo com o método adotado. Observe um modelo de fluxo de caixa livre:

Calculo do Fluxo de Caixa Livre
(=) Receitas Liquidas (-) Custos de vendas (-) Despesas operacionais
(=) EBIT (+) Depreciação e outros ajustes das empresas
(=) EBITDA (-) Impostos em relação ao lucro (-) Investimentos (permanentes e circulantes)
(=) Fluxo de Caixa

Neste modelo apresentado, há dois termos importantes que devem ser corretamente compreendidos:

- EBIT – Trata-se de uma sigla em inglês para "Earnings before interest and taxes", ou "Lucro antes de Juros e Imposto de Renda – LAJIR". Em síntese, seria o lucro operacional, ou seja, a diferença entre o lucro bruto e as despesas operacionais.

- EBITDA – Em inglês, "earnings before interest, taxes, depreciation and amortization", que em uma tradução literal pode ser definido como "Lucro antes de juros, impostos, depreciação e amortização – LAJIDA". Como indicador, proporciona uma depuração dos resultados e serve como métrica para a análise da produtividade dos negócios da empresa.

Sistemas de capitalização

Sistemas de capitalização são as formas nas quais se verificam os crescimentos do capital. Essa forma pode vim pela forma simples ou composta.

No exemplo visto na unidade anterior tivemos o primeiro contato com os sistemas de capitalização, nesse caso o sistema de juros simples. Na verdade temos dois sistemas de capitalização, também chamados de regimes de capitalização, o de juros simples e o de juros compostos.

Esses sistemas se diferenciam na forma como os juros são calculados e acumulados. Iremos detalhar melhor ao longo desse capítulo os dois sistemas, todavia, antes de entrarmos propriamente nos dois regimes vamos entender os conceitos de juros, capital e taxa de juros.

Fundamentos: Juros, Capital e Taxas de Juros

Podemos entender juros como uma remuneração sobre um capital investido. Suponha que você pegue emprestado um dinheiro no banco para compra de matéria-prima.

O banco vai lhe cobrar uma certa quantia sobre esse valor emprestado como forma de remuneração, afinal, esse é o principal negócio dos bancos: capitar e aplicar dinheiro. Ao valor pago a mais pelo capital emprestado damos o nome de juros.

Encontraremos a incorporação de juros em muitas situações empresariais e pessoais. Quando fazemos uma compra de uma geladeira a prazo em uma loja, por exemplo, estaremos pagando no valor da prestação o valor à vista, mais o valor correspondente às taxas administrativas de cobrança e os juros.

Você pode até achar que em algumas compras a prazo não estão inclusos os valores referentes aos juros, algumas redes do comércio varejista não dão desconto para compras a vista, por exemplo.

Todavia, do ponto de vista da empresa vendedora, os juros a ela inclusos nas prestações, seja estimando o percentual de pessoas onde mesmo tendo a opção de comprar a prazo, pagam a vista, seja repassando todos os créditos das vendas a prazo para uma instituição financeira e fazendo o desconto dos mesmos a uma determinada taxa de desconto, resultante em termos práticos significa que os juros estão embutidos nas prestações.

Outra operação muito utilizada por pessoas físicas junto às instituições bancárias é o chamado "cheque especial", que basicamente é um crédito pré-aprovado a ser utilizado quando a conta corrente fica negativa. Ou seja, é quando você precisa de mais dinheiro emprestado e sua conta está negativa.

Nesse caso o banco irá cobrar pelo uso dos recursos os juros correspondentes aos dias em que a conta ficou negativa.

Quando vamos comprar um automóvel, ou mesmo um imóvel a prazo, temos também que pagar nas prestações o valor referente ao bem adquirido juntamente com os juros.

Nesse caso, dependendo da forma como vamos pagar o bem e os respectivos juros teremos maior ou menor incidência de juros. Aos sistemas para pagamentos do principal em um financiamento chamamos de "sistemas de amortização", assunto que iremos abordar mais detalhadamente nas próximas unidades.

Quando uma empresa venda a prazo ela pode fazer uma operação junto às instituições do sistema financeiro para antecipar esse recebimento. Esse tipo de operação financeira é chamado de "desconto de duplicata".

Supondo que uma empresa tenha um crédito a receber daqui a um mês no valor de R$10.000,00 e esteja precisando de recursos hoje para fazer algum pagamento, como a folha dos funcionários por exemplo. Ela tem a opção de descontar esse valor e receber hoje para quitar o pagamento. Logicamente que essa operação tem um custo financeiro do dinheiro.

Digamos que ela receba após o desconto o valor de R$ 9.300,00. Nesse caso o valor do desconto, nessa case desconto simples, foi de R$ 700,00, ou 7% do valor. Esse custo financeiro do desconto é também uma forma de juros.

Por hora, já entendemos o que são juros. Então, vamos conversar um pouco sobre capital e taxa de juros.

Chamamos capital ao valor aplicado ou inicial (empréstimo ou investimento) em uma operação financeira. Nesse caso do empréstimo bancário o capital é o valor que o banco lhe disponibilizou para compra de matéria-prima. Caso você esteja avaliando um investimento o valor inicial da aplicação seria o capital.

Assim sendo, um capital aplicado por um determinado período de tempo rende juros. Mas em que proporção ocorre esse rendimento dos juros? A essa proporção chamamos taxa de juros, que dependendo do regime de capitalização pode ser uma taxa simples ou composta.

A taxa de juros normalmente é apresentada de forma percentual e necessita de um complemento que é o período a que ela se refere. Uma taxa de juros simples de 3 % ao mês, também expresso como 3% a.m, por exemplo, rende R$ 30 a cada mês em uma aplicação de R$ 1.000,00. (3/100*1000). Mais à frente iremos conversar um pouco mais detalhadamente sobre as taxas.

Capitalização Simples

O regime de juros simples, ou capitalização simples, tem como principal característica a incidência da taxa de juros, neste caso taxa simples, sobre o valor original da aplicação.

Os juros são sempre calculados sobre o capital original aplicado. Os juros ao longo da aplicação não serão reaplicados. Nesse tipo de aplicação os juros não rendem novos juros e o crescimento do dinheiro, ao longo do prazo de aplicação, é linear.

Suponhamos uma aplicação com capitalização simples de um capital de R$ 1.000,00 por três meses a uma taxa de juros simples de 5 % ao mês. Vamos calcular o valor final após os três meses, também chamado de montante, e o valor dos juros mensais e totais dos juros.

Ao final do primeiro mês teremos o valor originar somado a um mês de juros simples. Teremos então R$ 1.000,00 mais R$ 50,00 (5% de R$ 1.000,00) o gera um montante ao final do primeiro mês de R$ 1.050,00.

Ao final do segundo mês teremos o saldo final do primeiro mês somado ao um mês de juros simples referente ao segundo mês.

Teremos então R$ 1.050,00 mais R$ 50,00 (5% de R$ 1.000,00), lembrando que no regime de juros simples a taxa incide sempre sobre o valor original aplicado (R$ 1.000,00), o gera um montante ao final do segundo mês de R$ 1.100,00.

No final do terceiro mês de aplicação teremos o saldo final do terceiro mês somado ao um mês de juros simples referente ao terceiro mês.

Teremos então R$ 1.100,00 mais R$ 50,00 (5% de R$ 1.150,00), lembrando que no regime de juros simples a taxa incide sempre sobre o valor original aplicado (R$ 1.000,00), o que gera um montante ao final da aplicação no valor total de R$ 1.150,00. Os juros totais pagos foram de R$ 150,00.

No caso do regime de juros simples, esse mesmo cálculo do montante final poderia ser feito de forma mais simples e rápida multiplicando o prazo de aplicação pelo valor dos juros mensais e somando ao valor original (3xR$ 50,00+R$ 1.000,00).

Mês	Saldo do início do mês	Juros do mês	Saldo ao final do mês
1	R$ 1.000,00	5% x 1000,00= R$ 50,00	R$ 1.050,00
1	R$ 1.050,00	5% x 1000,00= R$ 50,00	R$ 1.100,00
1	R$ 1.100,00	5% x 1000,00= R$ 50,00	R$ 1.150,00

Como vimos, o cálculo no regime de juros simples é bastante simplificado e fácil de ser feito.

Todavia, não vamos encontrar na prática muitas aplicações de juros simples. Na maioria dos casos, teremos o uso do regime dos juros compostos que estudaremos detalhadamente no próximo capítulo.

Taxas equivalentes (juros simples)

No sistema de capitalização é obrigatório que o período/prazo n seja expresso na mesma unidade da taxa i, ou vice-versa – a taxa expressa na unidade do período da operação. E para tanto, se faz necessário o conhecimento sobre como realizar a conversão de taxas de um período para outro.

Quando duas taxas são aplicadas a um determinado capital durante um mesmo período rendem juros iguais, podemos afirmas que as taxas são equivalentes. O período modal (habitualmente) utilizado é um ano, entretanto o período utilizado na operação pode ser qualquer um.

Exemplo:

Na modalidade de juros simples, a taxa de 1% a.m. é equivalente a qual taxa anual?

Resolução

Levando em consideração que o capital é aplicado em um aprazamento anual, sendo *i%* a.a. a taxa procurada, teremos:

$C.i_{procurada}.n = C.i_{atual}.n$

$Ci1 = C.(0,01).12$

$i = 0,12 = 12\%$ a.a.

Diante disso, caso um Capital fosse aplicado a uma taxa de 1% a.m., o mesmo renderia, anualmente, 12% do seu valor. E se posteriormente, aplicássemos o mesmo capital a uma taxa 1% a.m., sua taxa equivalente em 2 anos, ainda seria 12% a.a., pois algo que devemos destacar quando falamos sobre equivalência de taxas a juros simples, é que o aprazamento das mesmas que influenciam na sua proporcionalidade (equivalência).

Exemplo:

Na modalidade de juros simples, qual a taxa mensal equivalente a 12% a.t. (ao trimestre)?

Resolução

Seja *i* a taxa mensal procurada, *C* o capital aplicado em prazo de um ano, teremos:

$C.i_{procurada}.n^{procurado} = C.i_{atual}.n^{equivalente}$

$C.i.12_{(1\ ano\ =\ 12\ meses)} = C.(0,12).4_{(1\ ano\ =\ 4\ trimestres)}$

$$i = \frac{(0,12).4}{12} = 0,04 = 4\%\ a.m.$$

Sendo assim, podemos afirmar que:

➢ 4% a.b. (ao bimestre) é equivalente a 2% a.m.

➢ 9% a.t (ao trimestre) é equivalente a 3% a.m.

➢ 24% a.s. (ao semestre) é equivalente a 4% a.m.

Juro exato e juro comercial

Levando em consideração o fato de operações financeiras de capitalização simples ocorrerem, em muitas situações, por um ou mais dias – poucos dias – se faz conveniente a utilização da taxa equivalente diária. Para tanto, podemos calcular por dois métodos usuais:

1. Utilizando o período do *ano civil*, que possui 365 dias – 366 dias em anos bissextos –, contabilizando cada dia dos meses do ano;

2. Utilizando o período do ano *comercial*, que possui 360 dias, levando em consideração apenas 30 dias, denominado *mês comercial*.

Se o calculo dos juros for utilizando o primeiro método descrito, serão denominados de *juros exatos*, se for pelo segundo método, *juros comerciais*. Vale ressaltar que, usualmente, quase a totalidade de operações realizadas a juros simples utilizam a metodologia dos juros comerciais.

Exemplo:

Se um capital de R$10.000,00 for aplicado por 50 dias à uma taxa de 20% a.a. no regime de juros simples, quais serão seus *juros exatos* e *juros comerciais* ao final do período?

$J = C.i.n$

$$J_{exatos} = 10000 . \frac{0,20}{365} . 50 = 273,97$$

$$J_{comerciais} = 10000 . \frac{0,20}{360} . 50 = 277,77$$

Descontos Simples

Para abordar este assunto, podemos começar afirmando que a ideia principal de descontos está associada ao abatimento – subtração de um determinado valor monetário – concedido a determinado valor monetário em determinadas condições. Para citar um exemplo inicial e comumente aplicado ao cotidiano, podemos citar as compras feitas em comércios, quando os vendedores concedem desconto no preço unitário de um determinado produto, tendo em vista que o cliente pretende comprar em grandes quantidades. Ou ainda, conceder um desconto para pagamentos em espécie – à vista – em um produto de valor monetário elevado.

Para que haja um entendimento melhor consideremos, no primeiro exemplo, que determinado produto tenha o preço de R$ 40,00 e que, compras acima de 100 unidades geram desconto de 5%. Diante das condições impostas, caso o comprador venha a adquirir uma quantidade *X ≥ 100 unidades*, o mesmo pagará R$ 38,00 – 5% de R$ 40,00 = R$ 2,00 – por unidade.

Posteriormente, no segundo exemplo, consideremos que um produto tenha um valor monetário de R$ 1.500,00 para pagamento após 30 dias em boleto bancário, ou parcelado em 10 prestações mensais com juros simples de 2% a.m., totalizando um montante de R$ 1.800,00. Todavia, se o vendedor conceder um desconto de 20% para pagamento à vista, o comprador poderá pagar R$ 1.200,00 pelo produto, caso tenha o recurso financeiro em espécie.

Outra modalidade de descontos que podemos trabalhar como exemplo, são os descontos executados em cima de duplicatas. Por exemplo, se uma empresa emite uma duplicata decorrente de uma venda a prazo, no valor de R$ 7.000,00 com vencimento previsto para três meses, entretanto, a empresa passa a necessitar do recurso imediatamente. A mesma poderá se dirigir a um banco de sua preferência e verificar as condições para obter o valor mais próximo do valor monetário da duplicata. Suponhamos que o banco adiantou R$ 6.700,00 em troca da duplicata. Nesse caso, afirmamos que o banco concedeu um desconto de R$ 300,00 – diferença entre o valor total da duplicata e o valor disponibilizado pela mesma (7000 – 6700 = 300) – pela duplicata a vencer.

As *duplicatas* são notas emitidas por um credor a um devedor – em caso de aceite –, comumente emitidas em transações mercantis. E por outro lado, temos as *notas promissórias* que por sua vez, são notas emitidas por um devedor ao seu respectivo credor, como uma promessa de pagamento dentro de determinado período. Analogicamente às duplicatas, as notas promissórias também podem ser descontadas em bancos.

Frequentemente no mercado financeiro, a prática de descontos de notas promissórias e duplicatas vem se tornando cada vez mais comum. Diante disso, abordaremos de forma sucinta a base de cálculo do chamado *desconto comercial*.

Desconto comercial (bancário)

Denominamos o valor do título que será descontado de *Valor de Face* (nominal), que identificamos na equação por *N*. Consideremos *n* o período do prazo de expiração do título e *d* a taxa de desconto a ser aplicada no período (em porcentagem). De forma que teremos a equação do desconto comercial bancário (D) expressa por:

D = N.d.n

O *Valor líquido do título* (Vl) é a diferença entre o Valor Nominal e o Desconto Bancário (N – D). Tal diferença é expressa por:

Vl = N – D

Para descobrir a taxa efetiva de juros incidente – no período – sobre a operação, iremos utilizar a seguinte expressão matemática:

$$i = \frac{N}{Vl} - 1$$

Exemplo:

Três meses antes de seu vencimento, uma duplicata no valor de R$ 25.000,00 foi descontada em um banco, a uma taxa de desconto comercial de 2% a.m. pede-se:

a) Obtenha o valor do Desconto Bancário

b) Obtenha o Valor Líquido (V_l) obtido pelo cliente do banco

c) Qual a taxa de juros efetiva da operação?

Resolução

a) Dados:

N = 25000

d = 0,02

n = 3

D = 25000. (0,02) .3 = 1500

b) Dados:

D = 1500

N = 25000

V_l = 25000 − 1500 = 23500

c) Dados:

N = 25000

VI = 23500

$$i = \frac{25000}{23500} - 1 = 0,06382 = 6,38\% \ a.t.$$

Algo que é de fundamental importância se destacar, é que a taxa efetiva de desconto a juros simples seria $\frac{6,38}{3} = 2,13\% \ a.m.$ Notando a diferença entre a taxa mensal de desconto e a taxa mensal de juros, tendo em vista que uma incide sobre o Valor Final (25000) e a outra sobre o Valor Inicial – líquido, resgatado pelo cliente – (23500), para se obter o mesmo valor de desconto (1500). Vale ressaltar, também, que tais diferenças que ocorram durante os cálculos, são decorrentes das diferenças dos arredondamentos.

Exemplo:

50 dias antes do seu vencimento, uma nota promissória de R$ 20.000,00 foi descontada por um empresário em um banco a uma taxa comercial de 3,5% a.m. Pede-se:

a) Qual o desconto comercial bancário?

b) Qual o valor líquido recebido pelo empresário?

c) Qual a taxa efetiva de juros no período?

Resolução

Dados:

N = 20000

$$d = \dfrac{0,035}{30} = 0,0012$$

n = 50

$$D = 20000.(0,0012).50 = 1200$$

Dados:

D = 1200

N = 20000

VI= 20000 – 1200 = 18800

Dados:

N = 20000

VI = 18800

$$i = \frac{20000}{18800} - 1 = 0{,}0638 = 6{,}38\% \; a.p. \; (ao \; período)$$

A Capitalização Composta

Diferente da capitalização simples, no regime composto temos a acumulação dos juros que acabam rendendo juros sobre juros. Dessa forma o crescimento do capital se dá de forma exponencial. Basicamente, os juros produzidos em um determinado período serão acrescidos ao valor aplicado inicialmente e no próximo período também produzirão juros. É o famoso "juros sobre juros".

Esse modelo de capitalização é o mais usado. As aplicações do mercado financeiro e os financiamentos são feitos usando o modelo de juros compostos.

Cálculo do valor futuro (montante)

Tomando como base o mesmo exemplo anterior, uma aplicação de R$ 1.000,00 por três meses, agora com uma taxa de 5 % composta, vamos calcular os juros mês a mês, os saldos finais e o total de juros.

Ao final do primeiro mês teremos o valor original somado a um mês de juros simples. Teremos, então, R$ 1.000,00 mais R$ 50,00 (5% de R$ 1.000,00), o que gera um montante ao final do primeiro mês de R$ 1.050,00. Note que para uma capitalização o valor dos juros e o montante é o mesmo independente de ser capitalização simples ou composta.

Ao final do segundo mês, teremos o saldo final do primeiro, somado aos juros referentes ao segundo mês que, nesse caso de capitalização composta, ira incidir sobre o saldo final do primeiro mês (R$ 1.050,00).

Teremos, então, R$ 1.050,00 mais R$ 52,50 (5% de R$ 1.050,00), lembrando que, diferentemente do regime de juros simples, no sistema de juros compostos a taxa incide sempre sobre o valor acumulado até o período anterior (R$ 1.050,00), o que gera um montante ao final do segundo mês de R$ 1.102,50.

No final do terceiro mês de aplicação teremos o saldo final do terceiro (R$ 1.102,50) somado ao um mês de juros referente ao mesmo terceiro.

Teremos, então, R$ R$ 1.102,50 mais R$ 55,13 (5% de R$ R$ 1.102,50), o que irá gerar um montante ao final da aplicação no valor total de R$ 1157,63. Os juros totais pagos foram de R$ 157,63.

Então, é perceptível que: o valor total dos juros da capitalização composta é maior que o regime simples e os juros crescem exponencialmente na medida em que tempos mais períodos de capitalização. Como dito inicialmente, juro sobre juros.

Mês	Saldo do início do mês	Juros do mês	Saldo ao final do mês
1	R$ 1.000,00	5% x 1000,00= R$ 50,00	R$ 1.050,00
1	R$ 1.050,00	5% x 1050,00= R$ 52,50	R$ 1.102,50
1	R$ 1.102,50	5% x 1.102,50= R$ 55,13	R$ 1.157,63

No caso do regime de juros compostos, esse mesmo cálculo do montante final poderia ser feito de forma mais simples através das fórmulas abaixo:

FV= PV. $(1+i)^n$

J= FV- PV

Onde,

FV= valor futuro, ou montante

PV= valor presente, ou capital

I= taxa de juros compostos

n= número de períodos de capitalização

J= valor total dos juros

É importante observar que a taxa de juros e o número de períodos deve estar na mesma unidade de tempo. Se taxa for ao mês, o número de períodos deve estar em meses.

Para o exemplo anterior, teremos os seguintes dados:

FV= queremos encontrar

PV= R$ 1.000,00

I= 5% am = 0,05

n= 3 meses

J= queremos encontrar

Assim:

FV= PV. $(1+i)^n$

FV= 1000. $(1+0,05)^3$

FV= 1000. $(1,05)^3$

FV= 1000. (1,05).(1,05).(1,05)

FV= 1.157,63

Assim o valor do montante ao final da aplicação é de R$ 1.157,63, o valor dos juros é:

J= FV- PV

J= 1.157,63- 1.000,00

J= 157,63

Como o regime de juros compostos é o mais utilizado na prática financeira e comercial, temos muitas ferramentas para fazer seus cálculos, tais como planilhas eletrônicas e calculadoras financeiras.

A planilha eletrônica mais utilizada pelos administradores para cálculos financeiros é o Excel, ela facilita bastante os cálculos, pois além da possibilidade de automatizar esse processo, no caso de operações repetitivas, isso facilita bastante, pois existe a possibilidade de guardar os cálculos feitos e compartilhar os resultados.

A função do Excel para encontrar o valor futuro é **VF**.

Para inserir a função do valor futuro no Excel, basta ir para guia **FÓRMULAS**, e clicar em **Inserir Função**. Ao clicar vai abrir uma nova janela, nela você deve procurar a função **VF**. Os parâmetros são:

Taxa: é a taxa de juros composta.

Nper: número de períodos de capitalização

Pgto: Pode deixar em branco

Vp: Valor presente, o capital aplicado. Colocar o sinal negativo antes do valor pois se trata de aplicação.

Tipo: pode deixar em branco.

Resolvendo no Excel o caso anterior temos os seguintes dados:

Taxa: 5%

Nper: 3

Pgto: Pode deixar em branco

Vp: -1000

Tipo: pode deixar em branco.

Após entrar os dados basta clicar no botão **OK** e o Excel retornará o valor de R$ 1.157,63, que é o valor futuro da aplicação.

Note que na barra de fórmula temos a seguinte expressão:

=VF(5%;3;;-1000)

Outra forma bastante utilizada para o cálculo de juros compostos é através de calculadoras financeiras. Apesar de existirem vários marcas e modelos de calculadoras financeiras a mais utilizada nos cursos de administração é a do fabricante HP e o modelo mais usado é a Hp-12c.

Para o cálculo do mesmo problema cima utilizado a hp12c basta clicar nos seguintes botões na calculadora.

ON – para ligar a calculadora

f CLx – para apagar os registradores

3 n – para entrar o número de períodos

1000 CHS PV– para entrar a aplicação de 1000 no PV

5 i – para entrar com a taxa de juros. A Hp12c sempre utiliza o regime de capitalização composto.

E então clicar em **FV** para obter o resultado da aplicação: R$ 1.157,63.

Caso você não possua a calculadora H12c você pode utilizar o emulador web da calculadora através do link abaixo:

https://epxx.co/ctb/hp12c.html

Cálculo do valor atual (capital)

O problema anterior se refere a uma situação onde temos o capital aplicado, a taxa e o número de período e queremos achar o montante ao final da aplicação e o total de juros compostos.

Vamos supor outra situação onde nós desejamos saber que quantia eu deva aplicar a uma taxa composta de 5% ao mês para chegar ao um montante de R$ 2.000,00 ao final de 5 meses.

Nesse caso, temos o valor futuro, a taxa e o tempo e desejamos saber qual o valor aplicado e o valor total dos juros, conforme dados abaixo:

FV= R$ 2.000,00

PV= queremos encontrar

i= 5% am = 0,05

n= 5 meses

J= queremos encontrar

Assim:

$$FV= PV. (1+i)^n$$

$$2.000,00= PV. (1+0,05)^5$$

$$2.000,00= PV. (1,05)^5$$

$$2.000,00= PV. (1,05).(1,05) .(1,05) .(1,05) .(1,05)$$

$$PV= 2000/\{(1,05).(1,05) .(1,05) .(1,05) .(1,05)\}$$

$$PV= R\$ 1567,05$$

Assim o valor do capital aplicado para atingir o montante de R$ 2.000,00 ao final de 5 meses R$ R$ 1567,05, o valor dos juros é:

$$J= FV- PV$$

$$J= 2.000,00 - R\$ 1567,05$$

$$J= R\$ 432,95$$

A função do excel para encontrar o valor futuro é **VP**. Para inserir a função do valor futuro no excel basta ir para guia **FÓRMULAS**, e clicar em Inserir Função. Ao clicar vai abrir uma nova janela, nela você deve procurar a função **VF**. Os parâmetros são:

Taxa: é a taxa de juros composta.

Per: número de períodos de capitalização

Pgto: Pode deixar em branco

Vf: Valor Futuro, o montante.

Tipo: pode deixar em branco.

Resolvendo no Excel o caso anterior temos os seguintes dados:

Taxa: 5%

Nper: 5

Pgto: Pode deixar em branco

Vf: 2000

Tipo: pode deixar em branco.

Após entrar os dados basta clicar no botão **OK** e o Excel retornará o valor de - R$ 1567,05, que é o valor presente da aplicação. Note que na barra de fórmula temos a seguinte expressão:

=**VP**(5%;5;;2000)

Para o cálculo do mesmo problema cima utilizado a hp12c basta clicar os seguinte botões na calculadora.

ON - para ligar a calculadora

f CLx – para apagar os registradores

5 n = para entrar o número de períodos

2000 VF– para entrar o montante de 1000 no FV

5 i – para entrar com a taxa de juros. A Hp12c sempre utiliza o regime de capitalização composto.

E então clicar em **PV** para obter o capital da aplicação: - R$ 1567,05.

O Cálculo da taxa

Vamos supor uma diferente situação onde nós desejamos saber qual a taxa de juros composta mensal que irá transformar uma aplicação de R$ 1.000,00 em R$ 1.300,00 durante uma aplicação de 4 meses.

Nesse caso, temos o valor futuro, o valor presente e o tempo de aplicação. Desejamos saber qual taxa mensal de juros compostos, conforme dados abaixo

FV= R$ 1.300,00

PV= R$ 1.000,00

i= queremos encontrar

n= 4 meses

J= R$ 300,00

Assim:

FV= PV. $(1+i)^n$

$1.300,00 = 1.000,00.(1+i)^4$

$1.300,00/1.000,00 = (1+i)^4$

$$1,3 = (1+i)^4$$

Tirando a raiz quarta dos dois lados iremos encontra:

$$(1,3)^{1/4} = 1+i$$

$$(1,3)^{0,25} = 1+i$$

$$i = (1,3)^{0,25} - 1$$

$$i = 0,0678$$

$$i = 6,78\% \text{ ao mês}$$

Assim, a taxa de juros mensal aplicada para atingir o montante de R$ 1.300,00 ao final de 4 meses a partir de um capital de R$1.000,00 é de 6,78% ao mês.

A função do excel para encontrar a taxa é **TAXA**. Para inserir a função do valor futuro no excel basta ir para guia **FÓRMULAS**, e clicar em **Inserir Função**. Ao clicar vai abrir uma nova janela, nela você deve procurar a função **TAXA**. Os parâmetros são:

Nper: número de períodos de capitalização

Pgto: Pode deixar em branco

Vp: Valor Presente, o capital aplicado. Sempre entrar com valor negativo para capital aplicado.

Vf: Valor Futuro, o montante.

Tipo: pode deixar em branco.

Resolvendo no Excel o caso anterior temos os seguintes dados:

Nper: 4

Pgto: Pode deixar em branco

Vp: -1000

Vf: 1300

Tipo: pode deixar em branco.

Após entrar os dados basta clicar no botão **OK** e o Excel retornará o valor de 6,78%, que é a taxa de juros da aplicação. Caso o Excel retorne 7% basta aumentar o número de casas decimais para 2. Note que na barra de fórmula temos a seguinte expressão:

=**TAXA**(4;;-1000;1300)

Para o cálculo do mesmo problema cima utilizado a hp12c basta clicar os seguinte botões na calculadora.

ON - para ligar a calculadora

f CLx – para apagar os registradores

4 n – para entrar o número de períodos

1000 CHS PV– para entrar o capital aplicado no PV

1300 VF– para entrar o montante de 1300 no FV

E então clicar em **i** para obter taxa da aplicação: 6,78%. A Hp-12c sempre retorna a taxa em termos percentuais.

Cálculo do número de períodos

Suponhamos uma determinada situação onde nós desejamos saber em quantos períodos de capitalização, a uma taxa de juros composta mensal de 5%, com um capital aplicado de R$ 2.000,00 se transforma em um montante de R$ 4.000,00.

Nesse caso, temos o valor futuro, o valor presente e a taxa mensal de juros compostos. Logo, desejamos saber qual o tempo de aplicação, conforme dados abaixo:

FV= R$ 4.000,00

PV= R$ 2.000,00

i= 5% ao mês

n= queremos encontrar

J= R$ 2000,00

Assim:

FV= PV. $(1+i)^n$

$4.000,00 = 2.000,00.(1+0,05)^n$

$4.000,00/ 2.000,00 = (1,05)^n$

$2 = (1,05)^n$

Nesse caso, teremos que aplicar o logaritmo dos dois lados da equação (podemos usar o logaritmo natural - Ln). Caso você não se lembre de como funciona do logaritmo, iremos resolver de maneira mais fácil através do Excel e da Hp-12c. Assim:

Ln 2=**Ln** $(1,05)^n$

Ln 2=n.**Ln** (1,05)

n= **Ln** 2/**Ln** (1,05)

n= 14,21 meses

Assim o número de períodos de tempo será de 14,21 meses.

A função do excel para encontrar número de períodos é **Nper**. Para inserir a função do valor futuro no excel, basta ir para a guia **FÓRMULAS**, e clicar em **Inserir Função**. Ao clicar vai abrir uma nova janela, nela você deve procurar a função **Nper**. Os parâmetros são:

Taxa: taxa de juros da aplicação

Pgto: Pode deixar em branco

Vp: Valor Presente, o capital aplicado. Sempre entrar com valor negativo para capital aplicado.

Vf: Valor Futuro, o montante.

Tipo: pode deixar em branco.

Resolvendo no Excel o caso anterior temos os seguintes dados:

Taxa:5%

Pgto: Pode deixar em branco

Vp: -2000

Vf: 4000

Tipo: pode deixar em branco.

Após entrar os dados basta clicar no botão OK e o Excel retornará o valor de 14,21 meses que é número de períodos da aplicação. Note que na barra de fórmula temos a seguinte expressão:

=**NPER**(5%;;-2000;4000)

Para o cálculo do mesmo problema cima utilizado a hp12c basta clicar os seguinte botões na calculadora.

ON - para ligar a calculadora

f CLx – para apagar os registradores

5 i – para entrar com a taxa

2000 CHS PV– para entrar o capital aplicado de -2000 no PV

4000 VF– para entrar o montante de 4000 no FV

E então, clicar em **n** para obter o número de períodos. Por consequência, teremos o seguinte resultado: 15 meses. A Hp-12c sempre retorna arredonda para mais o número de períodos.

Estudos das Taxas

Agora que sabemos calcular os principais elementos dos juros compostos para uma aplicação vamos detalhar melhor as taxas de juros. Para tanto iremos estudar os principais tipos de taxas e trabalhar exemplos utilizando o Excel e a calculadora Hp-12c.

Taxas proporcionais

Podemos afirmar que as taxas proporcionais são aquelas que mesmo apresentadas em unidades de tempo distintas quando aplicadas a um mesmo capital produzem um montante igual para prazos iguais de aplicação quando utilizado o regime de capitalização simples. É importante ressaltar que as taxas proporcionais somente no regime de juros simples.

Por exemplo, a taxa de juros simples de 2 % ao mês é proporcional a 24 % ao ano. Vamos comprovar isso aplicando R$ 2.000,00 por dois anos utilizando cada uma das taxas, no sistema de juros simples, se elas resultarem em montantes iguais elas serão proporcionais.

Primeiramente vamos aplicar R$ 2000,00 por dois anos (ou 24 meses) a taxa de juros simples de 2% ao mês. Lembramos que a taxa e o período de tempos devem estar na mesma unidade de tempo.

FV= queremos encontrar

PV= R$ 2.000,00

I= 2% am = 0,02

n= 24 meses

Assim:

FV= PV. (1+i.n)   - fórmula do montante para juros simples.

FV= 2000. (1+0,02x24)

FV= 2000. (1+0,48)

FV= 2000. (1,48)

FV= 2960

Assim o valor do montando ao final da aplicação é de R$ 2.960,00

Agora vamos aplicar os mesmos R$ 2000,00 por dois anos a taxa de juros simples de 24% ao ano. Lembramos que a taxa e o período de tempos devem estar na mesma unidade de tempo.

FV= queremos encontrar

PV= R$ 2.000,00

I= 24% a.a. = 0,24

n= 2 anos

Assim:

FV= PV. (1+i.n)   - fórmula do montante para juros simples.

FV= 2000. (1+0,24x2)

FV= 2000. (1+0,48)

FV= 2000. (1,48)

FV= 2960

Assim o valor do montando ao final da aplicação será também de R$ 2.960,00. Confirmarmos, dessa forma que as taxas de 2% ao mês e 24% ao ano, no regime de juros simples, são taxas proporcionais.

Taxas equivalentes

Duas taxas são equivalentes quando aplicadas sobre o mesmo capital e durante o mesmo tempo porém com períodos de capitalização diferentes resultam em um mesmo montante no regime de juros compostos. Note que temos que trabalhar com as fórmulas de juros compostos para que as taxas sejam equivalentes.

Por exemplo, a taxa de juros de 2 % ao mês é equivalente à taxa de 26,8242 % ao ano. Vamos comprovar isso aplicando R$ 1.000,00 por dois anos utilizando cada uma das taxas, no sistema de juros compostos, se elas resultarem em montantes iguais elas serão equivalentes.

Primeiramente vamos aplicar R$ 1000,00 por dois anos (ou 24 meses) a taxa de juros composto de 2% ao mês. Lembramos que a taxa e o período de tempos devem estar na mesma unidade de tempo.

FV= queremos encontrar

PV= R$ 2.000,00

I= 2% am = 0,02

n= 24 meses

Assim:

FV= PV. $(1+i.)^n$ - fórmula do montante para juros composto.

FV= 2000. $(1+0,02)^{24}$

FV= 2000. $(1,02)^{24}$

FV= 2000. (1,608437)

FV= 3216,87

Assim o valor do montando ao final da aplicação é de R$ 3216,87

Agora vamos aplicar os mesmos R$ 2000,00 por dois anos a taxa de juros compostos de 26,8242 % ao ano. Lembramos que a taxa e o período de tempos devem estar na mesma unidade de tempo.

FV= queremos encontrar

PV= R$ 2.000,00

I= 26,8242 % a.a. = 0, 268242

n= 2 anos

Assim:

FV= PV. $(1+i.)^n$ - fórmula do montante para juros compostos.

FV= 2000. $(1+0268242)^2$

FV= 2000. $((1,268242)^2$

FV= 2000. $(1,608437)$

FV= 3.216.87

Assim o valor do montando ao final da aplicação será também de R$ 3.216.87. Confirmarmos, dessa forma que as taxas de 2% ao mês e 26,8242 % ao ano são taxas equivalentes.

Agora que já sabemos o que são taxas equivalentes iremos ver como calcular taxas equivalentes. Iniciando com o exemplo anterior, podemos encontrar a relação entre as taxas anuais e mensais equivalentes a partir da seguinte fórmula.

$(1+\text{taxa anual}) = (1 + \text{taxa mensal})^{12}$

Do exemplo anterior, queremos saber a taxa anual equivalente a taxa mensal de 2%. Então:

$(1+\text{taxa anual}) = (1 + 0,02)^{12}$

$(1+\text{taxa anual}) = (1,02)^{12}$

$\text{taxa anual} = (1,02)^{12}-1$

$\text{taxa anual} = (1,02)^{12}-1$

$\text{taxa anual} = 1,268242 - 1$

$\text{taxa anual} = 0,268242 = 26,8242 \text{ % ao ano.}$

Outra forma bastante prática de se encontrar as taxas equivalentes é através da calculadora financeira Hp-12c. Para tanto, suponha um investimento de 2000 à taxa de 2% ao mês por dois anos na calculadora Hp12c. Teremos como valor futuro R$ 3216,87 seguindo o procedimento abaixo:

f clx - para apagar os registradores

12 n – para entrar com o período

2 i – para entrar com a taxa mensal

2000 PV – para entrar com o valor aplicado

FV

Nesse momento a calculadora irá retornar R$ 3216,87.

Se você alterar o n para dois e clicar na tecla i a calculadora irá retornar a taxa anual equivalente de 26,8242 % ao ano:

2 n – para alterar o período de tempo para 2 anos

i – para

26.8242

O procedimento da calculadora financeira para se encontrar as taxas equivalentes é aplicar sobre um capital qualquer em um período de tempo de pelo menos um ano, você pode padronizar em PV= 1000 e n =1 para uma das taxas. De posse do resultado do FV altera-se o número de períodos de capitalização da outra taxa e pede-se o i. Assim a calculadora irá retornar a taxa equivalente.

Vejamos outro exemplo, suponha que temos a taxa de juros de um financiamento é de 1,2 % ao mês e que desejamos encontrar as taxas equivalentes anuais e semestrais a essa taxa.

Assim, seguindo o procedimento na calculadora, teremos que aplicar 1000 (PV) a uma taxa de 1,2 % por 1 ano (n=12). Na Hp-12c:

f clx - apagar os registradores

1000 PV – entrar com a aplicação

1.2 i – entrar com a taxa mensal

12 n – entrar com um número de meses

FV

Nesse ponto a calculadora irá retornar o valor futuro de 1268,24. Agora é só alterar o número de capitalizações para encontrar as taxas equivalentes à 2% ao mês. Para taxa anual basta alterar o número de períodos (n) para 1, pois em 12 meses temos um ano, da seguinte forma.

1 n – alterando o número de períodos para 1

i – pedindo a taxa equivalente anual

A calculadora irá retornar 15,3895 % ao ano que é a taxa anual equivalente à taxa de 1,2 % ao mês.

Para encontrar a taxa semestral basta alterar o n para 2, pois em um ano temos dois semestres.

2 n – alterando o número de períodos para 2

i – pedindo a taxa equivalente anual

A calculadora irá retornar 7,4195% ao semestre, que é a taxa semestral equivalente à taxa de 1,2 % ao mês.

Podemos encontrar as taxas equivalentes para os períodos mensais, bimestrais, trimestrais, semestrais, diárias e anuais através da seguinte relação matemática:

$$(1+\text{taxa anual}) = (1 + \text{semestral})^2 = (1 + \text{trimestral})^4 = (1 + \text{mensal})^{12} = (1 + \text{diária})^{365}$$

Utilizando a relação acima vamos encontrar a taxa anual e semestral equivalente a taxa de 1,2 % ao mês. Iniciando com a taxa anual:

$(1+\text{taxa anual}) = (1 + \text{mensal})^{12}$

$(1+\text{taxa anual}) = (1 + 0,012)^{12}$

$(1+\text{taxa anual}) = (1,012)^{12}$

$\text{taxa anual} = (1,012)^{12} - 1$

$\text{taxa anual} = 1,153895 - 1$

taxa anual = 0,153895 = 15,3895 % ao ano.

Podemos afirmar que a taxa de 1,2% ao mês é equivalente à taxa de 15,3895 % ao ano.

Agora para o cálculo da taxa semestral:

$(1 + semestral)^2 = (1 + mensal)^{12}$

$(1 + semestral)^2 = (1 + 0,012)^{12}$

$(1 + semestral)^2 = (1,012)^{12}$

taxa semestral $= (1,012)^{12/2} - 1$

taxa semestral $= (1,012)^6 - 1$

taxa semestral $= 1,074195 - 1$

taxa semestral = 0,074195 = 7,4195 % ao semestre.

Podemos afirmar que a taxa de 1,2% ao mês é equivalente à taxa de 7,4195 % ao semestre.

Payback

O período de payback nada mais é do que a determinação do tempo necessário para que o investimento inicial seja recuperado pelas entradas de caixa promovidas pelo investimento. É um dos indicadores mais utilizados na análise de retorno de projetos, junto com o Valor Presente Líquido (VPL) e a Taxa Interna de Retorno (TIR).

O payback tem a característica de se preocupar com o prazo de liquidez do investimento, ou seja, em quanto tempo você vai ter aquele montante de volta para você ou para a organização. Para calcula-lo, você precisa ter um fluxo de caixa livre acumulado. Isso quer dizer o somatório de todos os fluxos de caixa da sua projeção desde o início ao fim. Logo, temos:

$$\text{Payback (PB)} = \frac{investimento\ inicial}{resultado\ médio\ do\ fluxo\ de\ caixa}$$

Para exemplificar, caso uma empresa tenha feito um investimento de R$ 90.000,00 e o resultado médio mensal de seu fluxo de caixa corresponda a R$ 3.000,00, tem-se:

PB = 90.000 / 3.000 = 30 meses (30 meses, ou seja, 2 anos e 6 meses).

Usar esse método calculando o resultado médio mensal do fluxo de caixa tem a vantagem de simplificar as contas.

Pode-se usar o payback para analisar a compra de um equipamento, por exemplo.

Supondo que uma máquina que fabrica certas peças custa R$ 3.000.000,00. Ela permite a redução de custo em 15% em cada peça.

No momento, cada peça tem um custo de R$ 500,00 e são produzidas mensalmente 10.000 unidades dela.

Para saber em quanto tempo acontecerá o payback desse investimento, calcula-se:

- Em 1 mês, os custos com as peças são de R$ 5.000.000 (500 x 10.000);

- Como a máquina oferece redução de 15%: 15% de 5.000.000 = 750.000;

Logo, há uma economia de R$ 750.000,00 mensais, que entram como receita. Então:

PB = 3.000.000 / 750.000 = 4 meses

Payback descontado

Como já visto, o método do payback simples apresenta a vantagem de ser simples e rápido, e de medir o grau de risco de determinado investimento. A diferença dele para o payback descontado é que o já visto anteriormente não considera o valor do dinheiro no tempo, os fluxos de caixa depois do período de payback e o custo de capital da empresa. Para suprir as limitações apresentadas pelo payback simples, o descontado usa uma taxa de desconto, geralmente anual.

VALOR PRESENTE LÍQUIDO (VPL)

Valor Presente Líquido (VPL) é uma fórmula utilizada para calcular o valor presente de uma série de pagamentos futuros, descontando um taxa de custo de capital estipulada. Ele existe, pois, naturalmente, o dinheiro que vamos receber no futuro não vale a mesma coisa que o dinheiro no tempo presente. É um simples método utilizado para determinar se um investimento é viável ou não, dentro de determinado período.

Dentro do universo financeiro, os profissionais geralmente utilizam essa fórmula matemática para determinar a viabilidade de um negócio, como dito anteriormente. Esse cálculo leva em consideração pontos como o investimento inicial, tempo de investimento, o fluxo de caixa e o retorno dentro desse período.

Para alguns, pode parecer um pouco confuso e devem estar se perguntando: "não basta apenas subtrair do investimento inicial do retorno financeiro, para descobrir se um investimento é viável? Se der positivo, estamos falando de um bom negócio. Se der negativo, vamos deixar para lá." Correto? Infelizmente não é tão simples assim!

Esse cálculo simplista não leva em consideração um aspecto muito importante: o tempo!

Um dos ensinamentos da matemática financeira é que não podemos simplesmente trabalhar (somando ou subtraindo) valores futuros em um projeto de investimento. Esse tipo de cálculo desconsidera o valor do dinheiro no tempo.

Normalmente, costuma-se adotar a seguinte expressão de cálculo do VPL:

$$VPL = -\ Investimento\ Inicial + \frac{FC_1}{(1+i)^1} + \frac{FC_2}{(1+i)^2} + \cdots + \frac{FC_n}{(1+i)^n}$$

Onde:

FC: fluxo de caixa
i: taxa
n: período de tempo

Exemplo

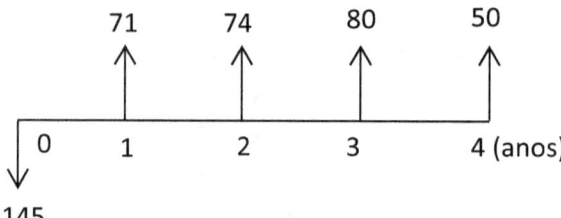

Admitindo que a empresa tenha definido em 20% a.a sua taxa de retorno exigida e que o investimento seja desembolsado integralmente no momento inicial, calcula-se o seguinte valo presente líquido (VPL):

VPL = $71 \div (1 + 0{,}20)^1 + 74 \div (1 + 0.20)^2 + 80 \div (1 + 0{,}20)^3 + 50 \div (1 + 0{,}20)^4 - 145$

VPL = [59,17 + 51,39 + 46,30 + 24,11] – 145

VPL = $ 35,96

Usando a calculadora financeira:

Comandos	Significado
f REG	Limpa os registradores de armazenamento
145 CHS g CFo	Fluxo de caixa inicial
71 g CFj	Fluxo de caixa do ano 1
74 g CFj	Fluxo de caixa do ano 2
80 g CFj	Fluxo de caixa do ano 3
50 g CFj	Fluxo de caixa do ano 4
20 i	Taxa de desconto de 20%
F NPV	Resultado

Taxa interna de retorno (IRR)

Imagine que você tivesse que tomar uma decisão de milhões de reais sobre um mega projeto de 8 torres residenciais e só tivesse um único indicador econômico-financeiro para autorizar ou não o investimento. A TIR seria o número que mais representaria o retorno desse projeto

.A Taxa Interna de Retorno (TIR) tem seu nome derivado do inglês "Internal Rate of Return (IRR)". É uma fórmula matemática-financeira utilizada para calcular a taxa de desconto que teria um determinado fluxo de caixa para igualar a zero seu Valor Presente Líquido. Simplificando: seria a taxa de retorno do investimento em questão.

É importante deixar claro que a TIR não deve ser confundida com outras taxas de retorno, indicadores de rentabilidade ou com algum tipo de margem de lucro de alguma empresa. Cada indicador é singular e possui seu próprio conceito e aplicação.

Para obter-se o TIR, tem-se a fórmula:

$$\text{Investimento Inicial} + \sum_{t=1}^{N} \frac{F_t}{(1 + TIR)^t}$$

Onde:

N: quantidade de períodos

F_t: montante previsto de investimento em cada momento subsequente;

TIR: é a taxa de rentabilidade

t: é o período em questão

Exemplo

Usando os mesmos dados do exemplo usado no calculo do VPL, temos que:

$$145 = 71 \div (1 + TIR)^1 + 74 \div (1 + TIR)^2 + 80 \div (1 + TIR)^3 + 50 \div (1 + TIR)^4$$

TIR = 33,09% a.a

Usando a calculadora financeira temos:

Comandos	Significado
f REG	Limpa os registradores de armazenamento
145 CHS g CFo	Fluxo de caixa inicial
71 g CFj	Fluxo de caixa do ano 1
74 g CFj	Fluxo de caixa do ano 2
80 g CFj	Fluxo de caixa do ano 3
50 g CFj	Fluxo de caixa do ano 4
f IRR	Resultado

Vantagens do TIR

O TIR, como visto, apresenta uma taxa como resultado: sua rentabilidade. Isso facilita a vida dos gestores das empresas e executivos financeiros, pois torna mais fácil a comparação com taxas definidas para custo de capital.

Outra grande vantagem da utilização do TIR é sua facilidade de interpretação, pois o cálculo apresenta uma taxa para cada projeto. Neste caso, se você precisa decidir entre dois projetos ou investimentos, aquele que tiver a maior Taxa Interna de Retorno será sua melhor opção.

Desvantagens da TIR

Já sabemos que a TIR mostra ao investidor o percentual de retorno de um projeto. Entretanto, o que ela não mostra é sobre o risco que a empresa corre (ou até mesmo o investidor) para obter esse retorno.

Imagine dois projetos diferentes, que tenham a mesma projeção de fluxo de caixa e os mesmos prazos. Se algo der errado durante um dos projetos as perdas que eles causarão não serão iguais. Isso porque a Taxa Interna de Retorno revela apenas os retornos esperados, e não as potenciais perdas dos investimentos. Outra desvantagem desse método para análise de viabilidade de um projeto é que, se os fluxos de caixa não forem uniformes, o projeto poderá apresentar taxas múltiplas.

Um dos principais pontos negativos é a necessidade de se estimar os custos iniciais a fim de calcular a TIR. Um pequeno erro nesta fase pode significar um grande prejuízo lá na frente.

Conclusão

Um livro de fundamentos não significa que o conteúdo em si estudado será jogado de forma mais resumida possível para quem o usufrui, mas sim de forma mais acessível e clara para melhorar e motivar mais o aprendizado.

O ebook integra diversas ferramentas didáticas aos conceitos, ferramentas, técnicas e aplicações práticas de que você precisará para aprender administração financeira. O esforço foi grande para apresentar de forma clara e interessante as informações de que necessitará.

Como há muitas opções de material de leitura para essa área, agradeço por ter escolhido este livro como meio de aprendizagem em seu curso de administração financeira: você não se decepcionará. Escrevi esse ebook de forma que atendesse ao máximo as necessidades de quem possa vim a utiliza-lo

Dito isso, desejo-lhe o que há de melhor neste curso e em sua carreira acadêmica e profissional.

Bibliografia

HAZZAN, Samuel; POMPEO, José Nicolau. Matemática Financeira . 6 ed. São Paulo: Saraiva, 2007

GITMAN, Lawence J. Princípios de Administração Financeira. 12 ed. São Paul: Pearson Prentice Hall, 2010

ASSAF N., Alexandre; GUASTI L. Fabiano. Curso de Administração Financeira. 1 ed. São Paulo: Atlas S.A., 2008